Impressum
Verlag: BABADADA GmbH, Nedderfeld 112 , 22529 Hamburg
Geschäftsführer / Verlagsleitung: Harald Hof
Druck: Books on Demand GmbH, In de Tarpen 42, 22848 Norderstedt

Imprint
Publisher: BABADADA GmbH, Nedderfeld 112 , 22529 Hamburg, Germany
Managing Director / Publishing direction: Harald Hof
Print: Books on Demand GmbH, In de Tarpen 42, 22848 Norderstedt, Germany

Šola

школа

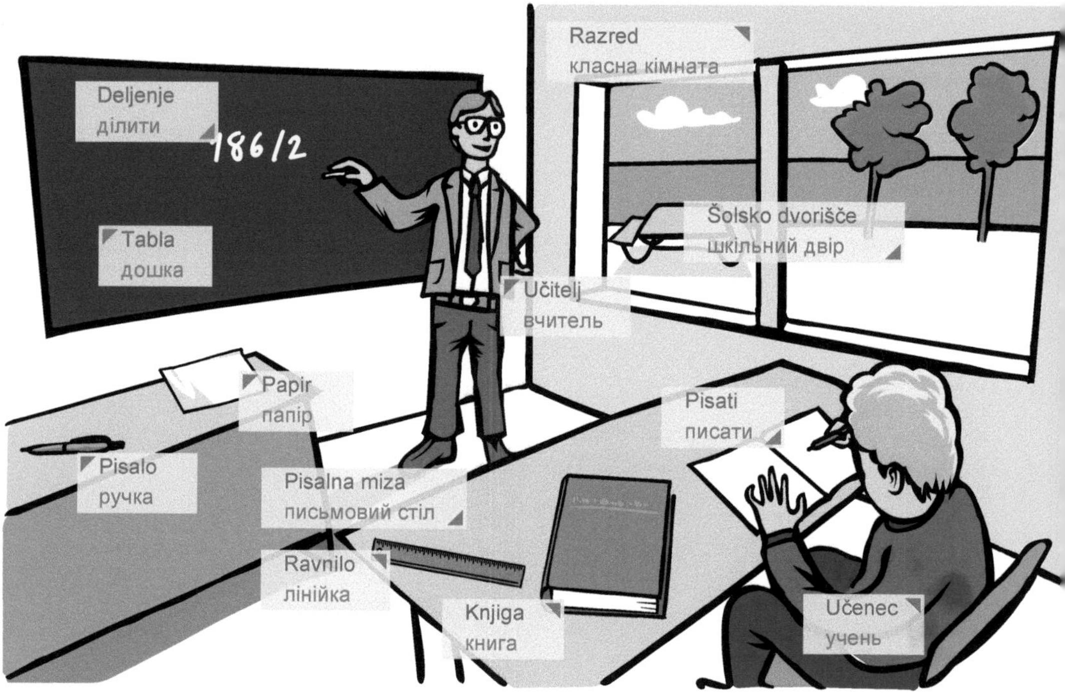

Razred
класна кімната
Deljenje
ділити
186/2
Tabla
дошка
Šolsko dvorišče
шкільний двір
Učitelj
вчитель
Papir
папір
Pisati
писати
Pisalo
ручка
Pisalna miza
письмовий стіл
Ravnilo
лінійка
Knjiga
книга
Učenec
учень

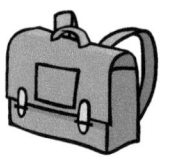

Šolska torba

ранець

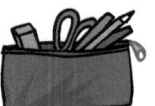

Peresnica

пенал

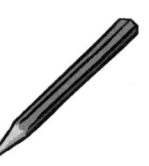

Svinčnik

олівець

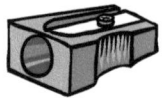

Šilček

точило

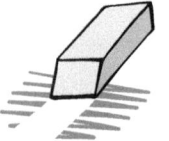

Radirka

гумка

Risalni blok

альбом для малювання

Risba

малюнок

Čopič

пензель

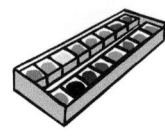

Vodene barvice

коробка фарб

Škarje

ножиці

Lepilo

клей

Zvezek

зошит

Domača naloga

домашнє завдання

Število

число

Seštevanje

додавати

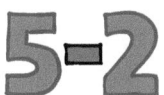

Odštevanje

віднімати

Množenje

множити

Računanje

рахувати

Črka

літера

Abeceda

абетка

Beseda

слово

Besedilo

текст

Brati

читати

Kreda

крейда

Učna ura

година

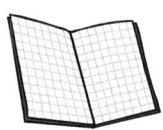

Redovalnica

класний журнал

Preizkus znanja

екзамен

Spričevalo

диплом

Šolska uniforma

шкільна форма

Izobrazba

освіта

Enciklopedija

лексикон

Univerza

університет

Mikroskop

мікроскоп

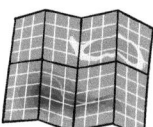

Zemljevid

карта

Koš za smeti

кошик для паперу

Potovanje

подорож

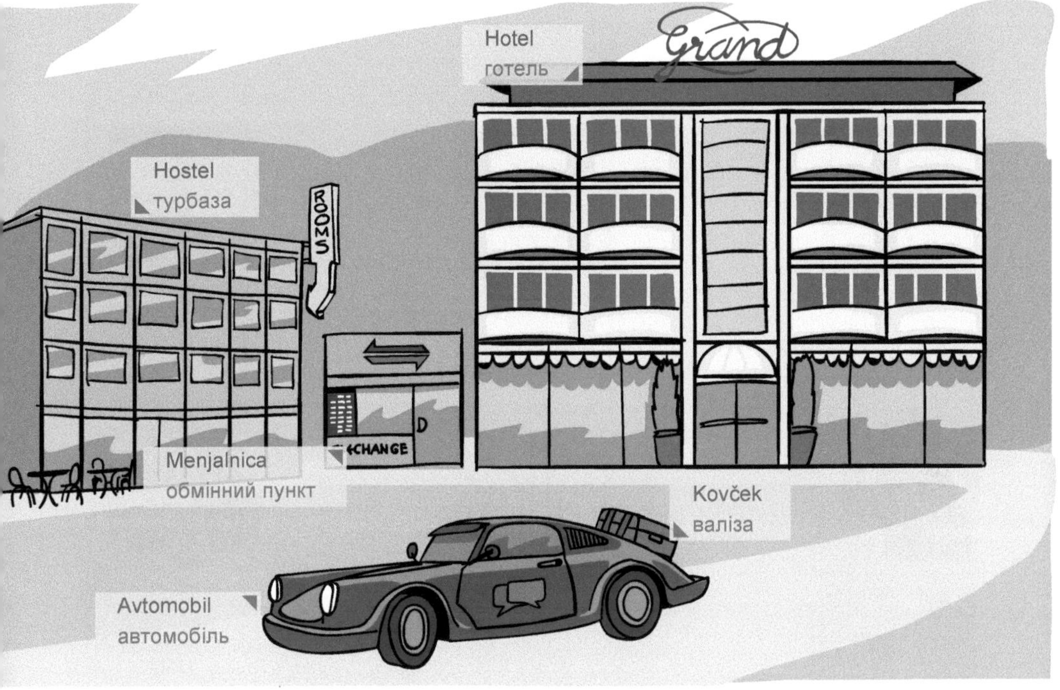
Hotel
готель
Grand
Hostel
турбаза
ROOMS
Menjalnica
обмінний пункт
Kovček
валіза
Avtomobil
автомобіль

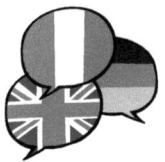

Jezik

мова

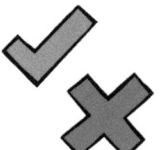

da / ne

так / ні

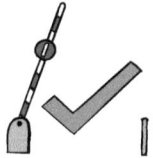

Prav

добре

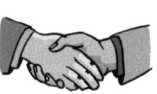

Pozdravljeni

привіт

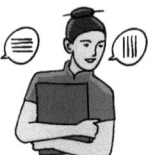

Prevajalec

перекладач

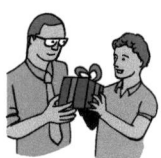

Hvala

дякую

Koliko stane...?

Скільки коштує ...?

Ne razumem

Я не розумію

Težava

проблема

Dober večer!

Добрий вечір!

Dobro jutro!

Доброго ранку!

Lahko noč!

На добраніч!

Nasvidenje

До побачення

Smer

напрямок

Prtljaga

багаж

Torba

сумка

Nahrbtnik

рюкзак

Gost

гість

Soba

кімната

Spalna vreča

спальний мішок

Šotor

намет

Turistične informacije

туристична інформація

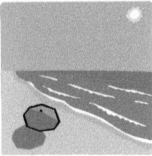

Plaža

пляж

Kreditna kartica

кредитна картка

Zajtrk

сніданок

Kosilo

обід

Večerja

вечеря

Vozovnica

квиток

Dvigalo

ліфт

Znamka

поштова марка

Meja

межа

Carina

митниця

Veleposlaništvo

посольство

Vizum

віза

Potni list

паспорт

Prevoz

транспорт

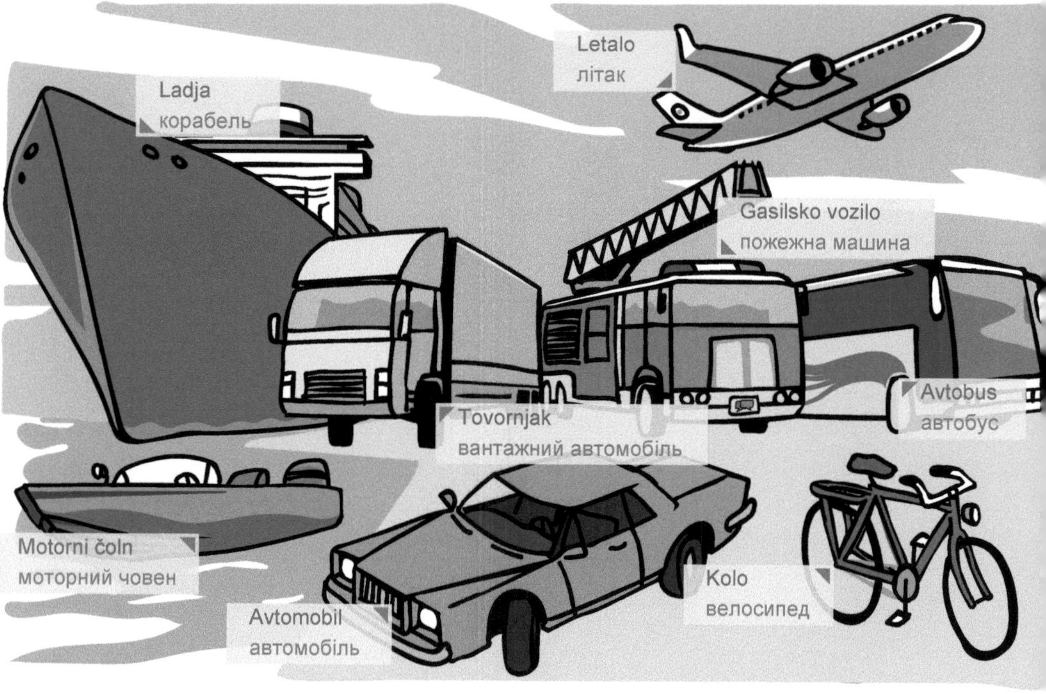

Letalo
літак
Ladja
корабель
Gasilsko vozilo
пожежна машина
Avtobus
автобус
Tovornjak
вантажний автомобіль
Motorni čoln
моторний човен
Kolo
велосипед
Avtomobil
автомобіль

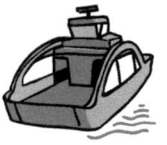

Trajekt

пором

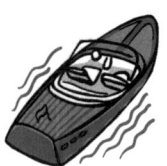

Čoln

човен

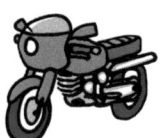

Motorno kolo

мотоцикл

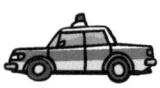

Policijski avto

поліцейська машина

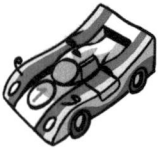

Dirkalni avto

гоночний автомобіль

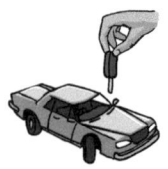

Najeto vozilo

автомобіль на прокат

Souporaba avtomobila

пільне користування авто

Avtovleka

евакуатор

Smetarsko vozilo

сміттєвоз

Motor

двигун

Gorivo

паливо

Bencinska postaja

автозаправна станція

Prometni znak

дорожній знак

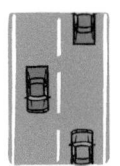

Promet

рух

Zastoj

затор

Parkirišče

стоянка

Železniška postaja

вокзал

Tirnice

рейки

Vlak

потяг

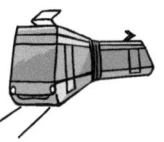

Tramvaj

трамвай

Vagon

вагон

Helikopter

гелікоптер

Letališče

аеропорт

Stolp

вежа

Potnik

пасажир

Kontejner

контейнер

Karton

коробка

Voziček

візок

Košara

кошик

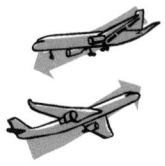

vzleteti / pristati

стартувати / приземлятися

Mesto

місто

Vas

село

Mestno jedro

центр міста

Hiša

дім

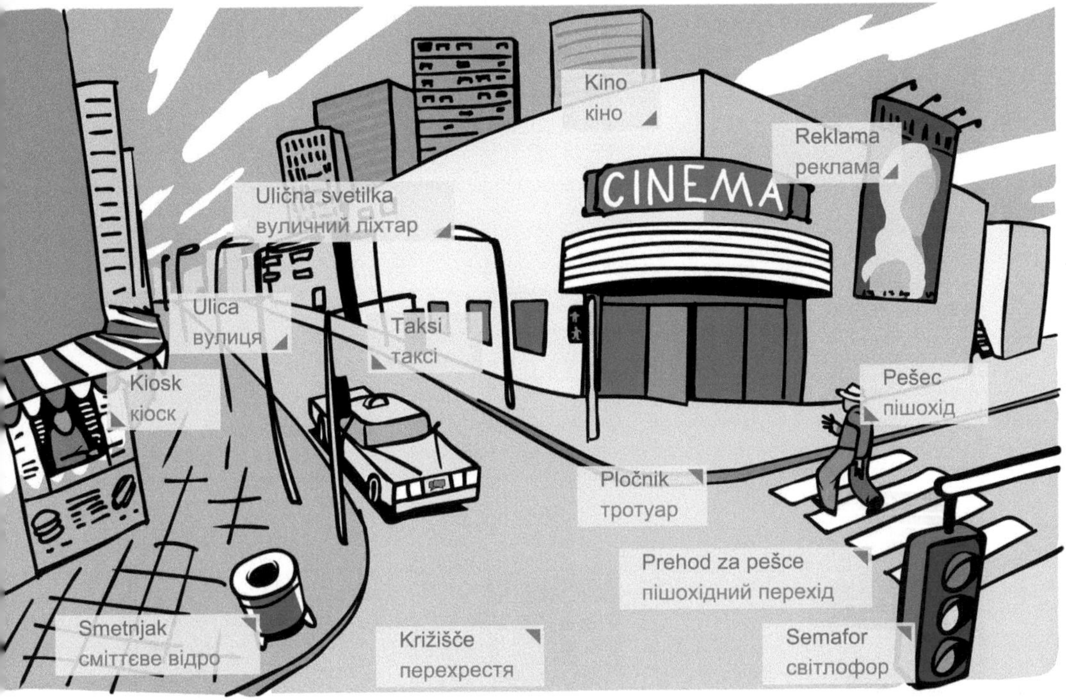

Kino
кіно

Reklama
реклама

Ulična svetilka
вуличний ліхтар

CINEMA

Ulica
вулиця

Taksi
таксі

Pešec
пішохід

Kiosk
кіоск

Pločnik
тротуар

Prehod za pešce
пішохідний перехід

Smetnjak
сміттєве відро

Križišče
перехрестя

Semafor
світлофор

Koča

хатина

Stanovanje

квартира

Železniška postaja

вокзал

Mestna hiša

ратуша

Muzej

музей

Šola

школа

Univerza

університет

Banka

банк

Bolnišnica

лікарня

Hotel

готель

Lekarna

аптека

Pisarna

офіс

Knjigarna

книжковий магазин

Trgovina

магазин

Cvetličarna

квітковий магазин

Supermarket

супермаркет

Tržnica

ринок

Veleblagovnica

універмаг

Ribarnica

торговець рибою

Nakupovalno središče

торговельний центр

Pristanišče

гавань

Park

парк

Klop

лава

Most

міст

Stopnice

сходи

Podzemna železnica

метро

Predor

тунель

Avtobusno postajališče

автобусна зупинка

Bar

бар

Restavracija

ресторан

Poštni nabiralnik

поштова скринька

Ulična tabla

вулична табличка

Parkirna ura

лічильник паркування

Živalski vrt

зоопарк

Kopališče

басейн

Mošeja

мечеть

Kmetija

ферма

Onesnaževanje

забруднення навколишнього середовища

Pokopališče

кладовище

Cerkev

церква

Otroško igrišče

дитячий майданчик

Tempelj

храм

Pokrajina
ландшафт

List / листок

Kažipot / вказівний стовп

Pot / шлях

Travnik / луг

Kamen / камінь

Drevo / дерево

Pohodnik / мандрівник

Reka / річка

Trava / трава

Cvetlica / квітка

Dolina

долина

Hrib

гора

Jezero

озеро

Gozd

ліс

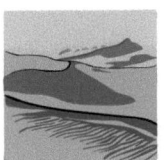

Puščava

пустеля

Vulkan

вулкан

Grad

замок

Mavrica

веселка

Goba

гриб

Palma

пальма

Komar

комар

Muha

муха

Mravlja

мурашка

Čebela

бджола

Pajek

павук

Hrošč

жук

Žaba

жаба

Veverica

вивірка

Jež

їжак

Zajec

заєць

Sova

сова

Ptič

птах

Labod

лебідь

Divji prašič

кабан

Jelen

олень

Los

лось

Jez

гребля

Vetrnica

вітряк

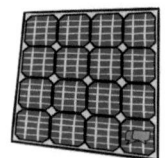

Solarna plošča

сонячний модуль

Podnebje

клімат

Restavracija
ресторан

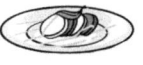

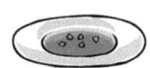

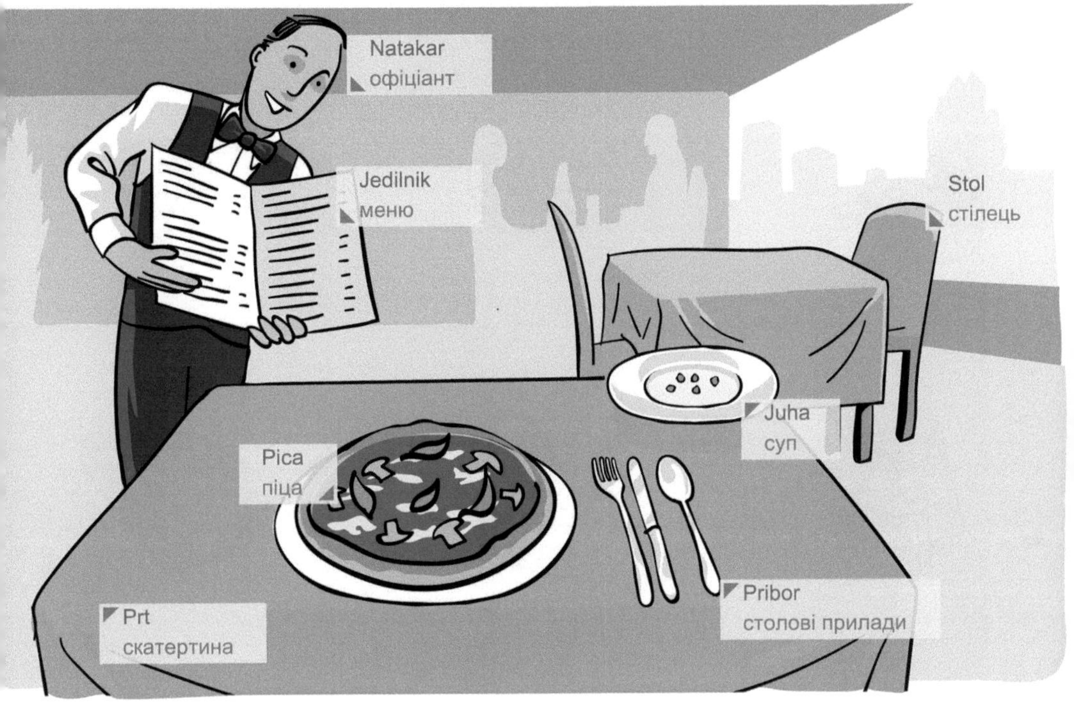
Natakar
офіціант
Jedilnik
меню
Stol
стілець
Juha
суп
Pica
піца
Pribor
столові прилади
Prt
скатертина

Predjed

закуска

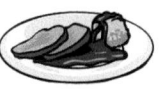

Glavna jed

друга страва

Sladica

десерт

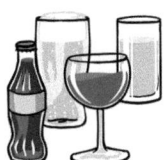

Pijače

напої

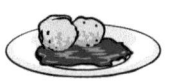

Hrana

їжа

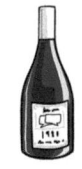

Steklenica

пляшка

Hitra hrana

фаст-фуд

Ulična hrana

вулична їжа

Čajnik

чайник

Sladkornica

цукорниця

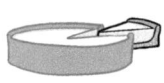

Porcija

порція

Aparat za espresso

еспресо-машина

Stolček za hranjenje

високий стільчик

Račun

рахунок

Pladenj

піднос

Nož

ніж

Vilica

вилка

Žlica

ложка

Čajna žlička

чайна ложка

Servieta

серветка

Kozarec

склянка

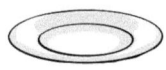

Krožnik

тарілка

Globoki krožnik

тарілка для супу

Krožniček

блюдце

Omaka

соус

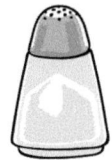

Solnica

солонка

Mlinček za poper

млин для перцю

Kis

оцет

Olje

масло

Začimbe

спеції

Kečap

кетчуп

Gorčica

гірчиця

Majoneza

майонез

Supermarket
супермаркет

Posebna ponudba
пропозиція
FOR
Stranka
клієнт
Mlečni izdelki
молочні продукти
Sadje
фрукти
Nakupovalni voziček
візок для покупок

BUTCHERS

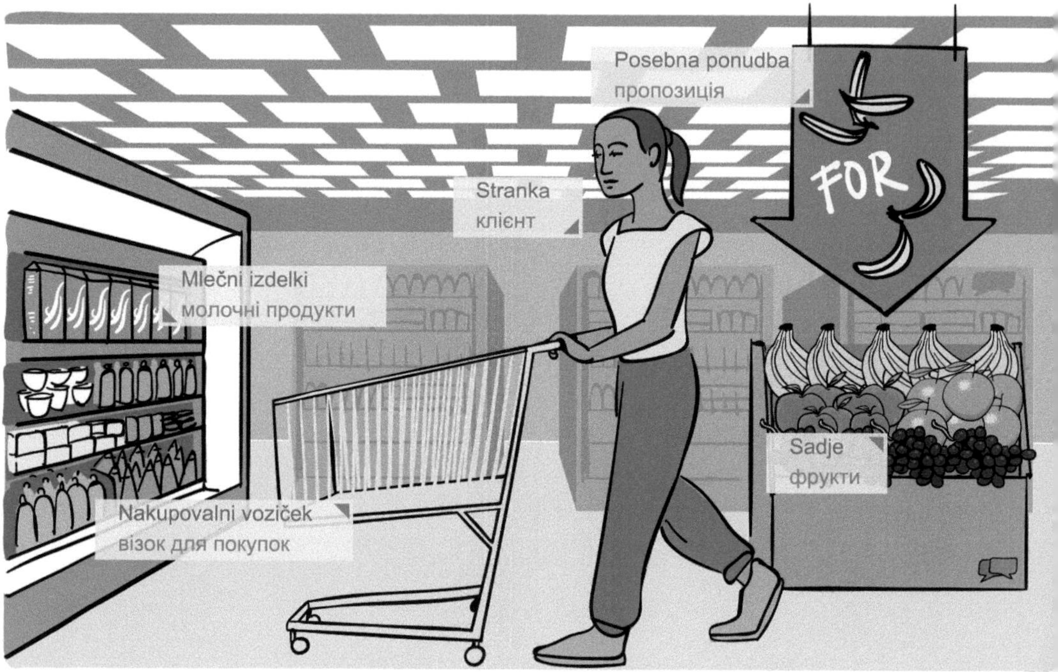

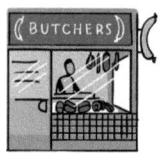

Mesnica

м'ясний магазин

BAKERY

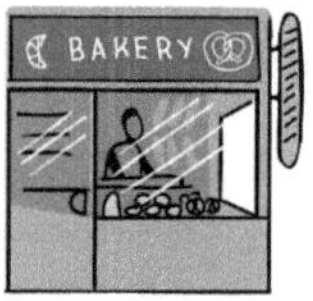

Pekarna

пекарня

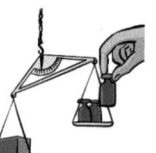

Tehtati

зважувати

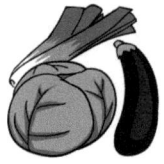

Zelenjava

овочі

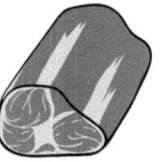

Meso

м'ясо

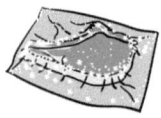

Zamrznjena hrana

заморожені продукти

Hladne mesnine

ковбасна нарізка

Konzerve

консерви

Pralni prašek

пральний порошок

Sladkarije

солодощи

Gospodinjski izdelki

предмети домашнього побуту

Čistilno sredstvo

мийний засіб

Prodajalka

продавщиця

Blagajna

каса

Blagajnik

касир

Nakupovalni seznam

список покупок

Delovni čas

часи роботи

Denarnica

гаманець

Kreditna kartica

кредитна картка

Torba

сумка

Plastična vrečka

поліетиленовий пакет

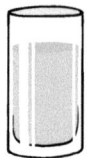

Voda

вода

Sok

сік

Mleko

молоко

Kola

кола

Vino

вино

Pivo

пиво

Alkohol

алкоголь

Kakav

какао

Čaj

чай

Kava

кава

Espresso

еспресо

Kapučino

капучіно

Banana

банан

Jabolko

яблуко

Pomaranča

апельсин

Lubenica

кавун

Limona

лимон

Korenje

морква

Česen

часник

Bambus

бамбук

Čebula

цибуля

Goba

гриб

Oreščki

горішки

Rezanci

локшина

Špageti

спагеті

Riž

рис

Solata

салат

Ocvrt krompirček

картопля фрі

Pečen krompir

смажена картопля

Pica

піца

Hamburger

гамбургер

Sendvič

бутерброд

Zrezek

шніцель

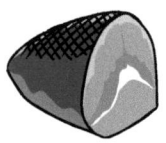

Šunka

шинка

Salama

салямі

Klobasa

ковбаса

Piščanec

курка

Pečenka

печеня

Riba

риба

Ovseni kosmiči

вівсяні пластівці

Musli

мюслі

Koruzni kosmiči

кукурудзяні пластівці

Moka

борошно

Rogljiček

круасан

Žemlja

булочка

Kruh

хліб

Prepečenec

тостовий хліб

Piškoti

печиво

Maslo

масло

Skuta

сир

Torta

пиріг

Jajce

яйце

Pečeno jajce na oko

яєчня

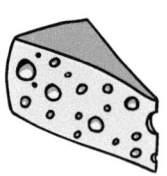

Sir

сир

Sladoled

морозиво

Sladkor

цукор

Med

мед

Marmelada

мармелад

Čokoladni namaz

нуга-крем

Kari

карі

Kmečka hiša
сільський будинок

Skedenj
комора

Bala slame
солом'яні тюки

Polje
поле

Konj
кінь

Prikolica
причіп

Traktor
трактор

Žrebe
лоша

Osel
віслюк

Ovca
вівця

Jagnje
ягня

Koza

коза

Krava

корова

Tele

теля

Prašič

свиня

Pujsek

порося

Bik

бик

Gos

гусак

Raca

качка

Piščanec

курча

Kokoš

курка

Petelin

півень

Podgana

щур

Mačka

кіт

Miš

миша

Vol

віл

Pes

собака

Pasja uta

собача будка

Cev za zalivanje

садовий шланг

Kangla za zalivanje

лійка

Kosa

коса

Plug

плуг

Srp

серп

Motika

мотика

Vile

вила

Sekira

сокира

Samokolnica

тачка

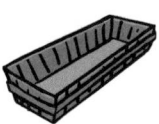

Korito

корито

Kangla za mleko

бідон молока

Vreča

мішок

Ograja

паркан

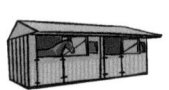

Hlev

хлів

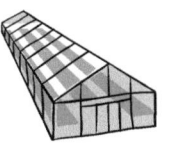

Rastlinjak

теплиця

Prst

ґрунт

Seme

насіння

Gnojilo

добриво

Kombajn

комбайн

Žeti

пожинати

Žetev

урожай

Jam

корінь ямсу

Pšenica

пшениця

Soja

соя

Krompir

картопля

Koruza

кукурудза

Oljna ogrščica

ріпак

Sadno drevo

плодове дерево

Maniok

маніок

Žito

злаки

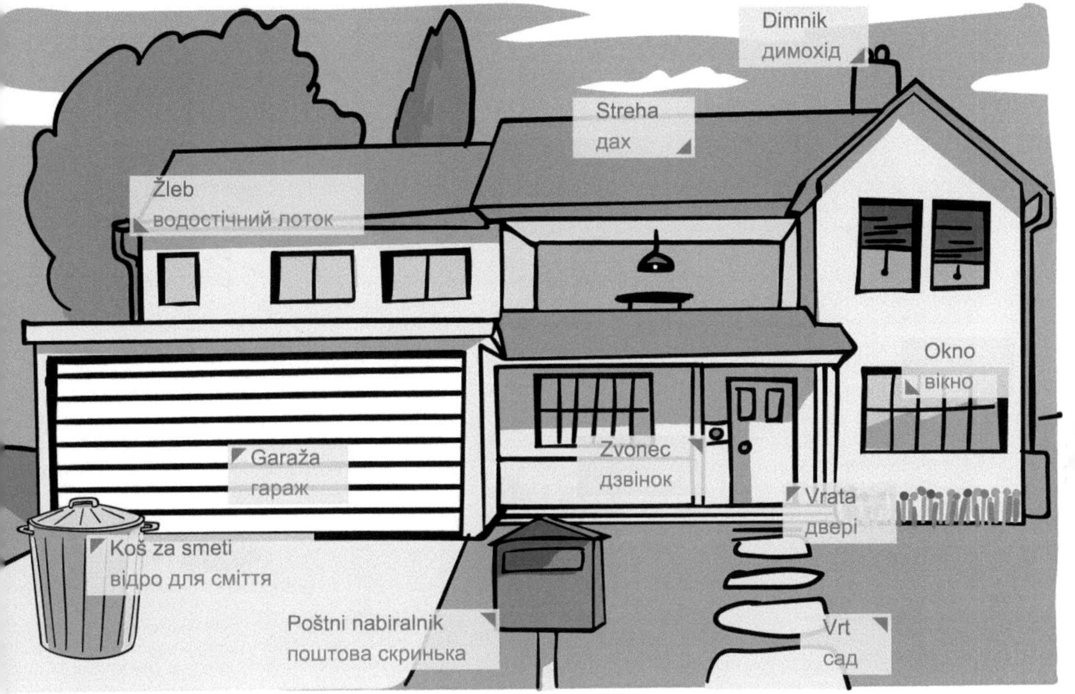

Dimnik
димохід

Streha
дах

Žleb
водостічний лоток

Okno
вікно

Garaža
гараж

Zvonec
дзвінок

Vrata
двері

Koš za smeti
відро для сміття

Poštni nabiralnik
поштова скринька

Vrt
сад

Dnevna soba

вітальня

Kopalnica

ванна кімната

Kuhinja

кухня

Spalnica

спальня

Otroška soba

дитяча кімната

Jedilnica

їдальня

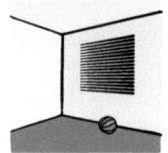

Tla

підлога

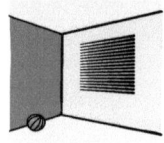

Stena

стіна

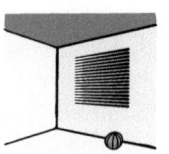

Strop

стеля

Klet

підвал

Savna

сауна

Balkon

балкон

Terasa

тераса

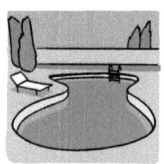

Bazen

басейн

Kosilnica

косарка

Rjuha

простирало

Posteljno pregrinjalo

ковдра

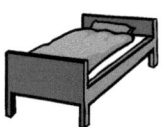

Postelja

ліжко

Metla

мітла

Vedro

відро

Stikalo

перемикач

Dnevna soba

вітальня

Tapeta
шпалери
Slika
малюнок
Svetilka
лампа
Polica
поличка
Omara
шафа
Televizor
телевізор
Kamin
камін
Cvetlica
квітка
Blazina
подушка
Zofa
диван
Vaza
ваза
Daljinski upravljalnik
пульт

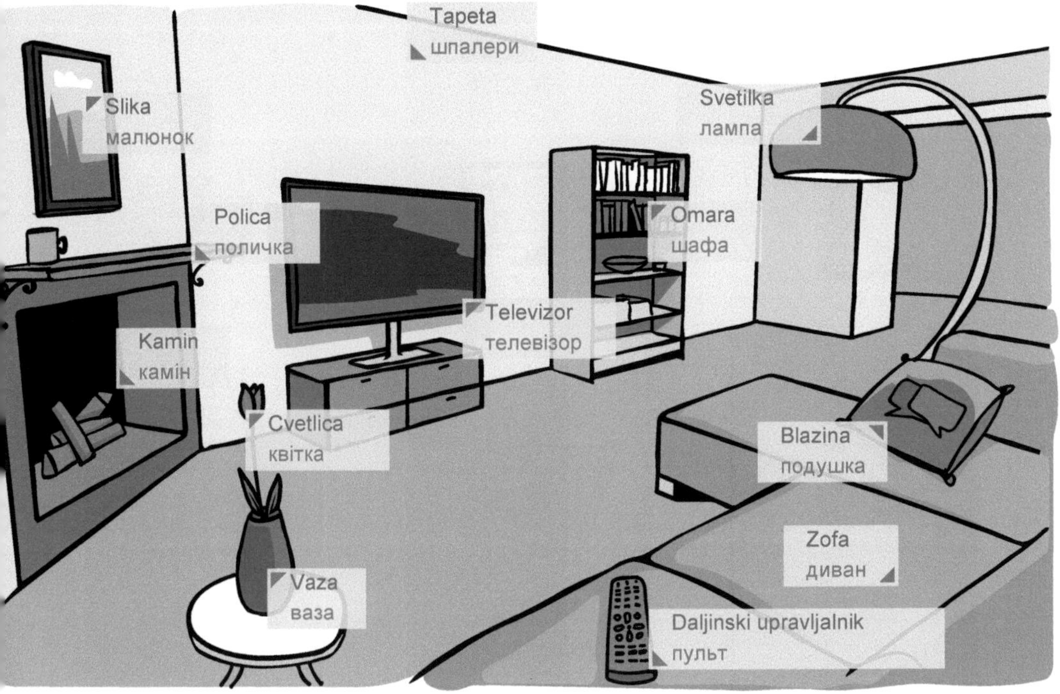

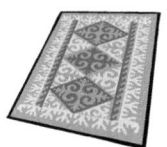

Preproga

килим

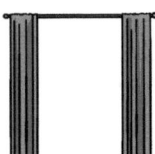

Zavesa

завіса

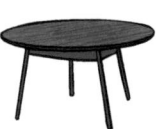

Miza

стіл

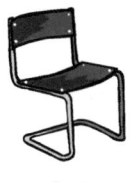

Stol

стілець

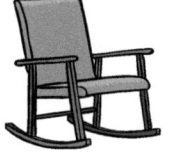

Gugalnik

крісло-гойдалка

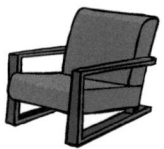

Naslanjač

крісло

Knjiga

книга

Odeja

ковдра

Dekoracija

прикраса

Drva

дрова

Film

фільм

Glasbeni stolp

стереосистема

Ključ

ключ

Časopis

газета

Slika

картина

Plakat

плакат

Radio

радіо

Beležka

блокнот

Sesalnik

пилосос

Kaktus

кактус

Sveča

свічка

Kuhinja
кухня

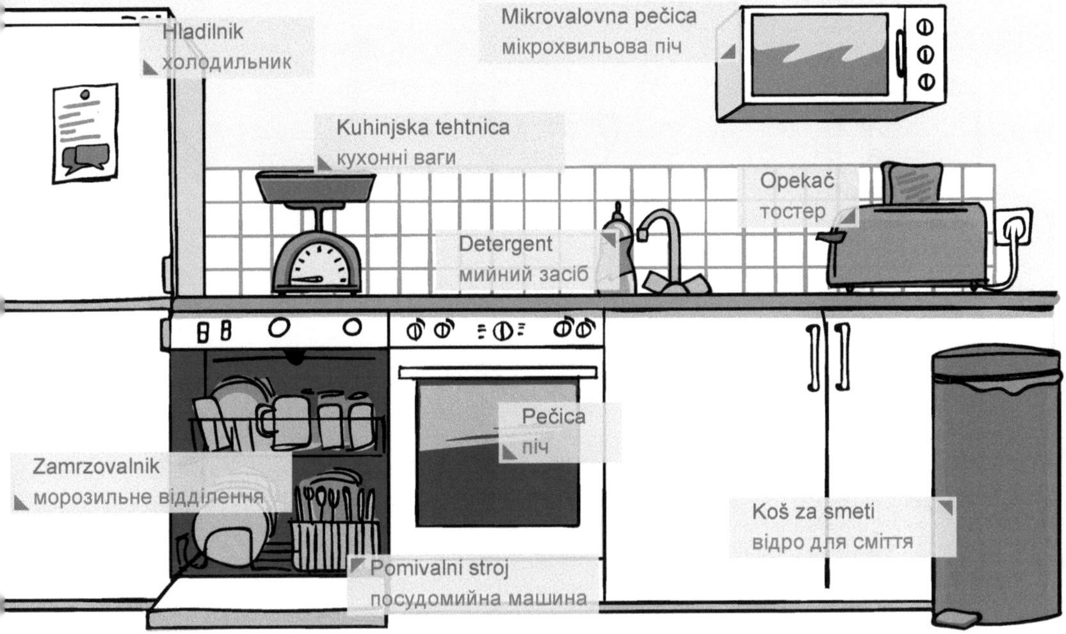
Hladilnik
холодильник
Mikrovalovna pečica
мікрохвильова піч
Kuhinjska tehtnica
кухонні ваги
Opekač
тостер
Detergent
мийний засіб
Pečica
піч
Zamrzovalnik
морозильне відділення
Koš za smeti
відро для сміття
Pomivalni stroj
посудомийна машина

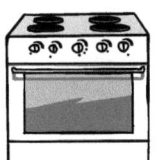

Kozica
плита

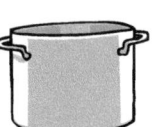

Lonec
горщик

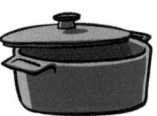

Litoželezni lonec
чавунний горщик

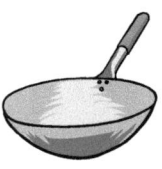

Vok / kadai
вок / кадай

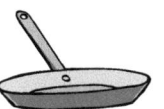

Ponev
сковорода

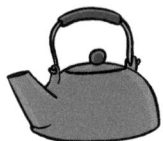

Kotliček
чайник

Parni kuhalnik

пароварка

Pekač

лист

Posoda

посуд

Skodelica

кухоль

Skleda

чаша

Jedilne paličice

палички для їжі

Zajemalka

черпак

Lopatica

лопатка

Metlica

вінчик для збивання

Cedilnik

сито

Cedilo

сито

Strgalo

терка

Možnar

ступка

Žar

барбекю

Ognjišče

багаття

Deska za rezanje

дошка

Valjar

качалка

Odpirač za steklenice

штопор

Pločevinka

консерва

Odpirač za konzerve

відкривачка

Prijemalka za posodo

прихватки

Korito

раковина

Ščetka

щітка

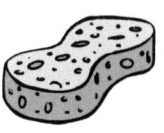

Goba

губка

Mešalnik

міксер

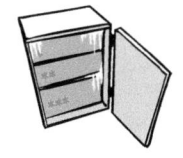

Zamrzovalna skrinja

морозильна камера

Steklenička

дитяча пляшка

Pipa

кран

Kopalnica

ванна кімната

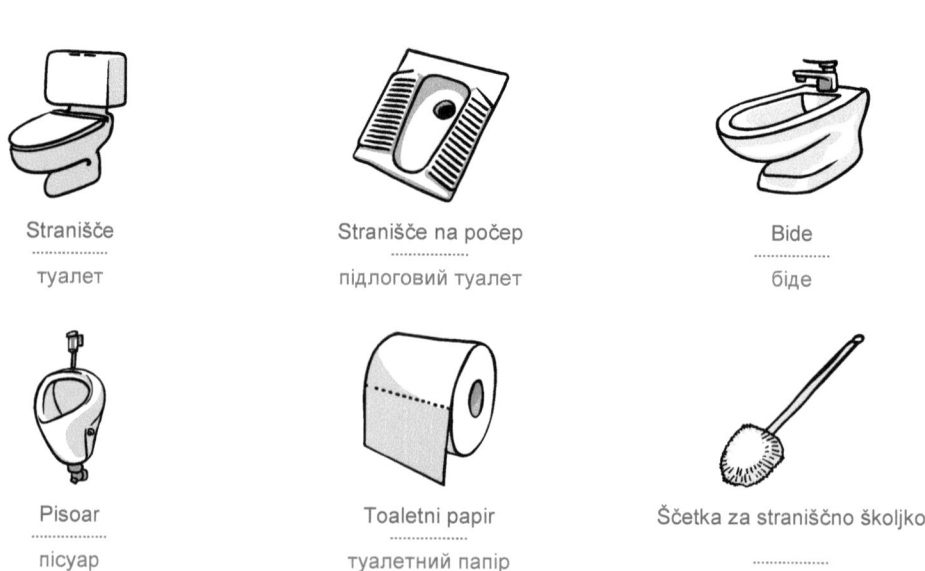

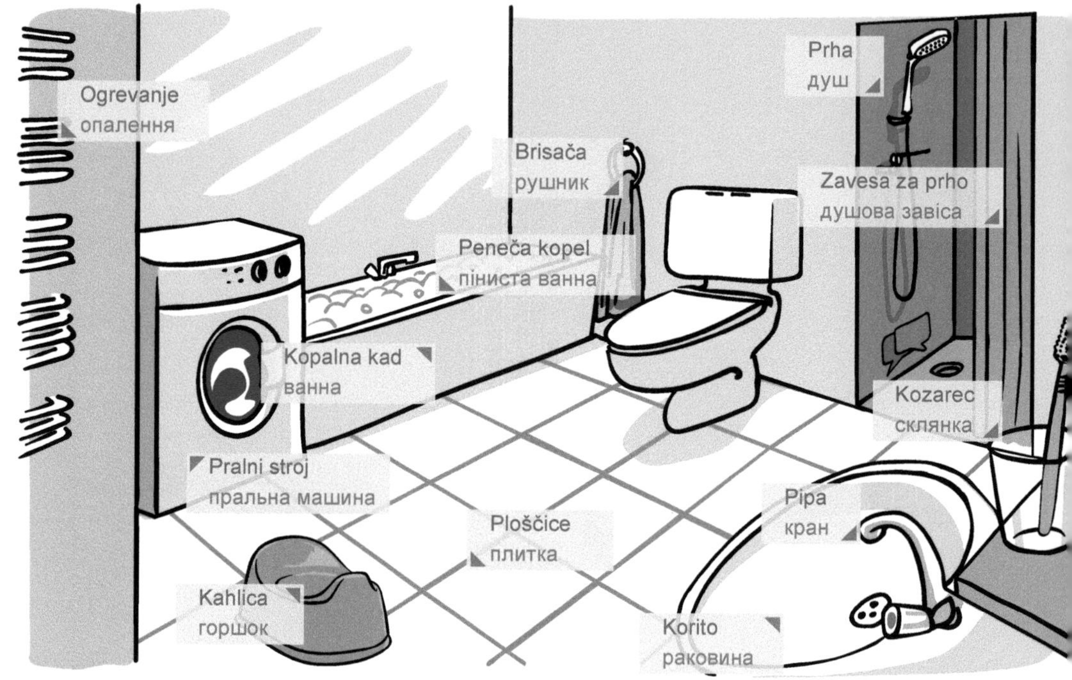
Ogrevanje
опалення
Brisača
рушник
Prha
душ
Zavesa za prho
душова завіса
Peneča kopel
піниста ванна
Kopalna kad
ванна
Kozarec
склянка
Pralni stroj
пральна машина
Pipa
кран
Ploščice
плитка
Kahlica
горшок
Korito
раковина

Stranišče

туалет

Stranišče na počep

підлоговий туалет

Bide

біде

Pisoar

пісуар

Toaletni papir

туалетний папір

Ščetka za straniščno školjko

щітка для туалету

Zobna ščetka

зубна щітка

Zobna pasta

зубна паста

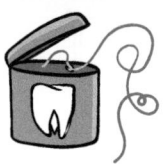

Zobna nitka

нитка для чищення зубів

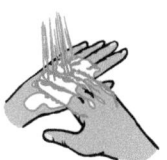

Umiti se

мити

Ročna prha

ручний душ

Prha za intimne dele

інтимний душ

Umivalnik

таз

Krtača za hrbet

щітка для спини

Milo

мило

Gel za prhanje

гель для душу

Šampon

шампунь

Krpica za miljenje

мочалка

Odtok

водостік

Krema

крем

Deodorant

дезодорант

Ogledalo

дзеркало

Ročno ogledalo

косметичне дзеркало

Britvica

бритва

Pena za britje

піна для гоління

Vodica po britju

лосьйон після гоління

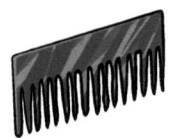

Glavnik

гребінь

Ščetka

щітка

Sušilnik za lase

фен

Lak za lase

лак для волосся

Ličila

косметика

Šminka

губна помада

Lak za nohte

лак для нігтів

Vatirane blazinice

вата

Škarjice za nohte

ножиці для нігтів

Parfum

парфум

Toaletna torbica

косметичка

Stol brez naslonjala

табурет

Osebna tehtnica

ваги

Kopalni plašč

халат

Gumijaste rokavice

гумові рукавички

Tampon

тампон

Damski vložki

гігієнічні прокладки

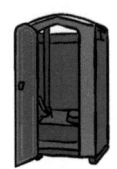

Kemično stranišče

біотуалет

Otroška soba

дитяча кімната

Budilka
будильник
Plišasta igrača
м'яка іграшка
Avtomobilček
іграшковий автомобіль
Ropotuljica
брязкальце
Hiška za punčke
ляльковий будиночок
Darilo
подарунок

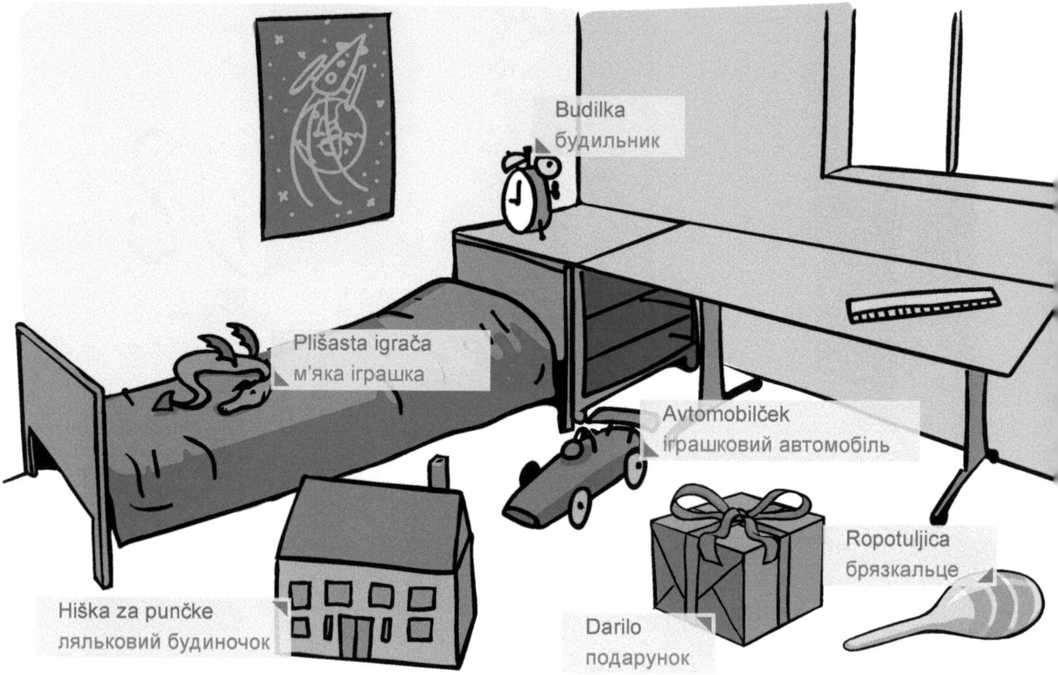

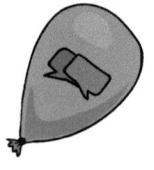

Balon

повітряна кулька

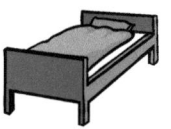

Postelja

ліжко

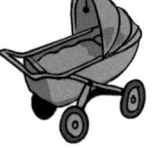

Otroški voziček

дитячий візок

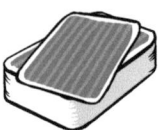

Igralne karte

картярська гра

Sestavljanka

пазл

SUPER MEGA

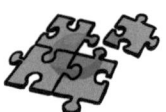

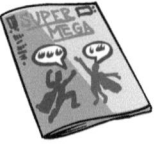

Strip

комікс

Lego kocke

лего цеглинки

Igralne kocke

блоки

Akcijska figura

іграшкова фігурка

Bodi

повзунки

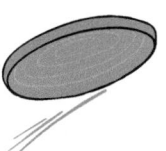

Frizbi

фризбі

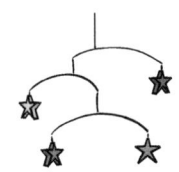

Vrtiljak za posteljico

мобіле

Namizna igra

настільна гра

Kocka

кубик

Komplet modelov vlakov

модель залізнична станція

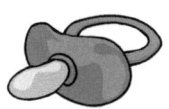

Duda

соска

Zabava

вечірка

Slikanica

книжка з картинками

Žoga

м'яч

Lutka

лялька

Igrati se

грати

Peskovnik

пісочниця

Gugalnica

гойдалка

Igrače

іграшка

Igralna konzola

гральна консоль

Tricikel

триколісний велосипед

Plišasti medvedek

плюшевий мішка

Garderoba

шафа

Oblačilo

одяг

Nogavice

шкарпетки

Samostoječe nogavice

панчохи

Hlačne nogavice

колготки

Šal
шарф

Dežnik
парасоля

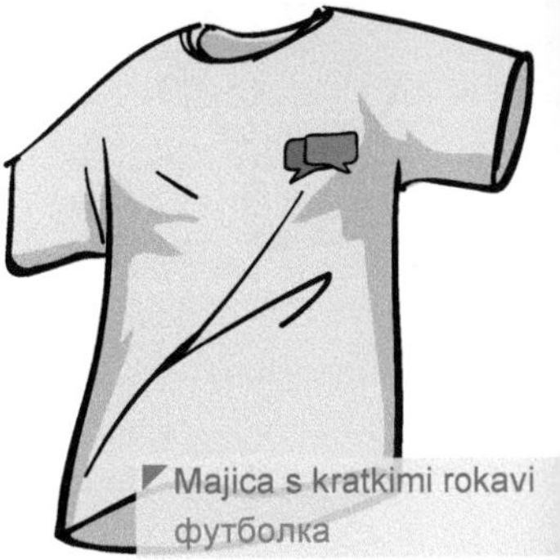

Majica s kratkimi rokavi
футболка

Pas
ремінь

Športni copati
кросівки

Škornji
чоботи

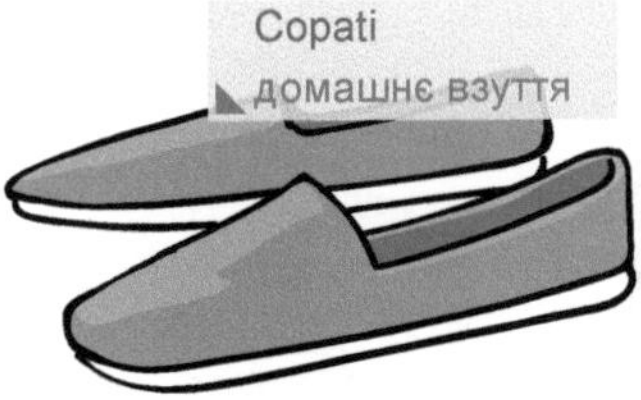

Copati
домашнє взуття

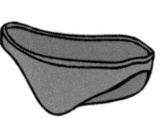

Sandali
....
сандалі

Čevlji
....
взуття

Gumijasti škornji
....
гумові чоботи

Spodnje hlače
....
труси

Modrček
....
бюстгальтер

Telovnik
....
нижня сорочка

Oblačilo - одяг

Bodi

боді

Hlače

штани

Kavbojke

джинси

Krilo

спідниця

Bluza

блузка

Srajca

сорочка

Pulover

пуловер

Pletena jopica

светр

Jopa

піджак

Jakna

куртка

Plašč

пальто

Dežni plašč

дощовик

Kostim

костюм

Obleka

сукня

Poročna obleka

весільна сукня

Obleka

костюм

Spalna srajca

нічна сорочка

Pižama

піжама

Sari

сарі

Naglavna ruta

головна хустка

Turban

чалма

Burka

бурка

Kaftan

кафтан

Abaja

абая

Kopalke

купальник

Kopalne hlače

плавки

Kratke hlače

шорти

Trenirka

тренувальний костюм

Predpasnik

фартух

Rokavice

рукавички

Gumb

гудзик

Očala

окуляри

Zapestnica

браслет

Verižica

ланцюг

Prstan

кільце

Uhan

сережка

Kapa

шапка

Obešalnik

плічка

Klobuk

капелюх

Kravata

краватка

Zadrga

застібка-блискавка

Čelada

шолом

Naramnice

підтяжки

Šolska uniforma

шкільна форма

Uniforma

уніформа

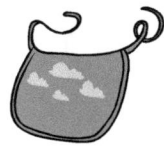

Slinček

нагрудник

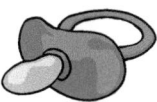

Duda

соска

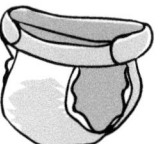

Plenica

підгузок

Pisarna

офіс

Strežnik
сервер
Kartotečna omara
шаф для документів
Tiskalnik
принтер
Papir
папір
Monitor
монітор
Miška
миша
Pisalna miza
письмовий стіл
Mapa
папка
Tipkovnica
синтезатор
Koš za smeti
кошик для паперу
Računalnik
комп'ютер
Stol
стілець

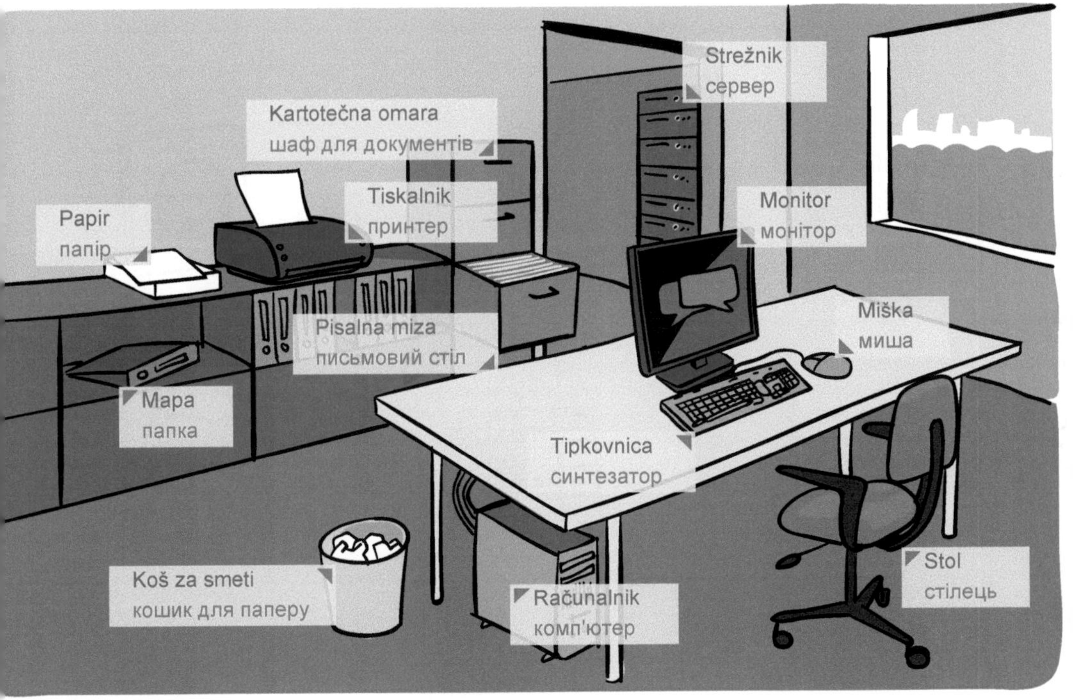

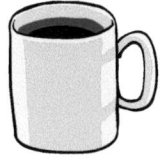

Lonček za kavo

кавовий кухоль

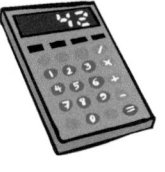

Kalkulator

калькулятор

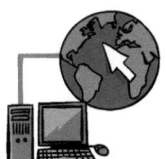

Internet

інтернет

Prenosnik

ноутбук

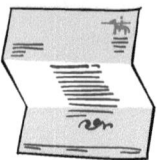

Pismo

лист

Sporočilo

повідомлення

Mobilnik

мобільний телефон

Omrežje

мережа

Kopirni stroj

копіювальний пристрій

Programska oprema

програмне забезпечення

Telefon

телефон

Vtičnica

розетка

Telefaks

факс

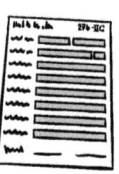

Obrazec

бланк

Dokument

документ

Kupiti

купувати

Plačati

платити

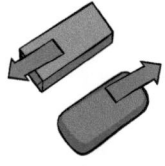

Trgovati

торгувати

Denar

гроші

Dolar

долар

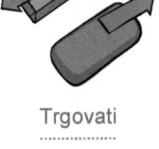

Evro

євро

Jen

ієна

Rubelj

рубль

Švičarski frank

франк

Kitajski juan renminbi

юанів женьміньбі

Rupija

рупія

Bankomat

банкомат

Menjalnica

обмінний пункт

Zlato

золото

Srebro

срібло

Nafta

нафта

Energija

енергія

Cena

ціна

Pogodba

контракт

Davek

податок

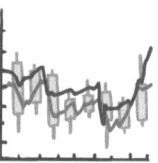

Delnice

акція

Delati

працювати

Delojemalec

працівник

Delodajalec

роботодавець

Tovarna

фабрика

Trgovina

магазин

Poklici
професії

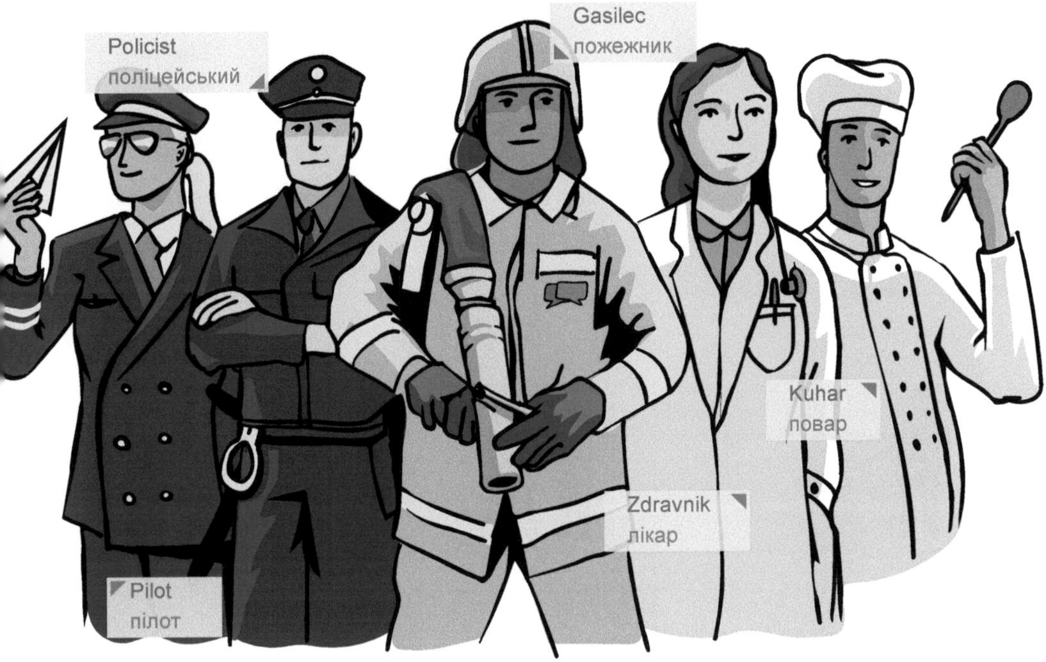
Gasilec
пожежник
Policist
поліцейський
Kuhar
повар
Zdravnik
лікар
Pilot
пілот

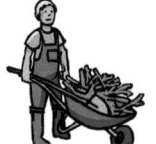

Vrtnar

садівник

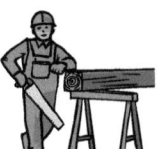

Mizar

столяр

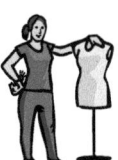

Šivilja

швачка

Sodnik

суддя

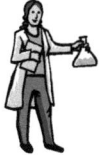

Kemik

хімік

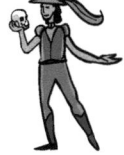

Igralec

актор

Voznik avtobusa

водій автобуса

Taksist

таксист

Ribič

рибалка

Čistilka

прибиральниця

Krovec

покрівельник

Natakar

офіціант

Lovec

мисливець

Pleskar

художник

Pek

пекар

Električar

електрик

Gradbenik

будівельник

Inženir

інженер

Mesar

забійник

Vodovodni inštalater

бляхар

Poštar

листоноша

Vojak

солдат

Arhitekt

архітектор

Blagajnik

касир

Cvetličar

флорист

Frizer

перукар

Sprevodnik

кондуктор

Mehanik

механік

Kapitan

капітан

Zobozdravnik

дантист

Znanstvenik

вчений

Rabin

рабин

Imam

імам

Menih

монах

Duhovnik

пастор

Orodje
інструменти

Kladivo
молоток
Klešče
щипці
Izvijač
викрутка
Vijačni ključ
гайковий ключ
Žepna svetilka
кишеньковий л
15
15

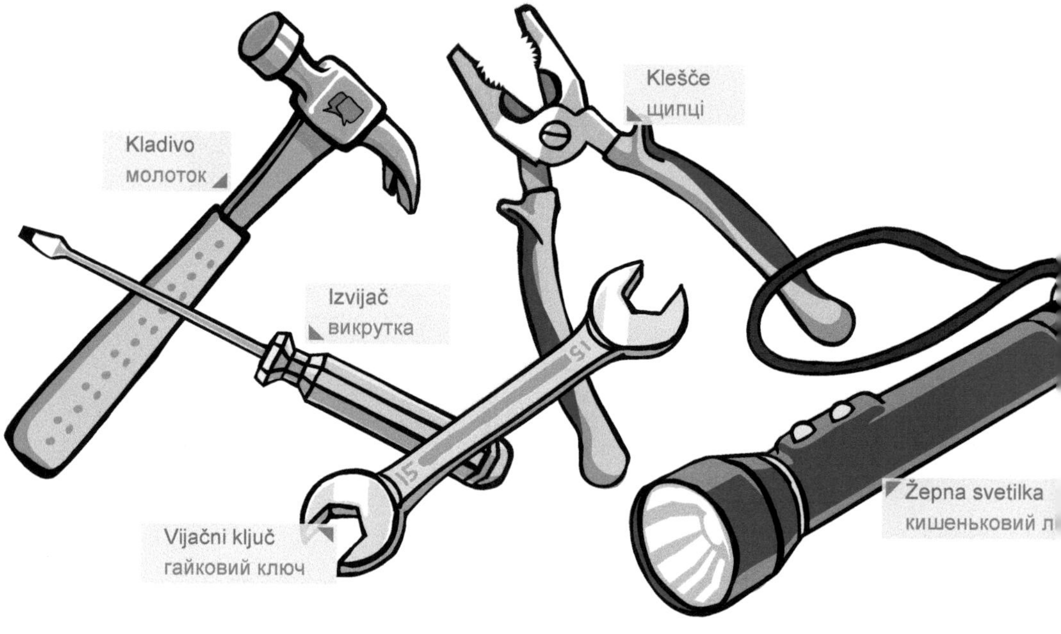

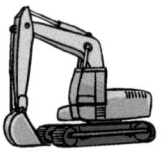

Bager

екскаватор

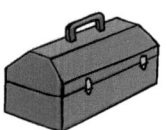

Zaboj z orodjem

ящик для інструментів

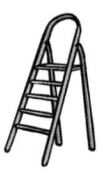

Lestev

драбина

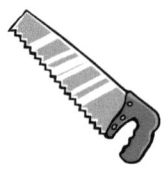

Žaga

пилка

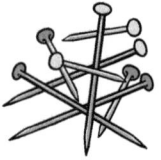

Žeblji

цвяхи

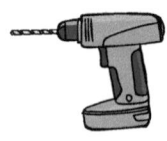

Vrtalnik

свердло

Popraviti

ремонтувати

Lopata

лопата

Šment!

лайно!

Smetišnica

совок

Posoda z barvo

відро з фарбою

Vijaki

гвинти

Glasbeni instrument
музичні інструменти

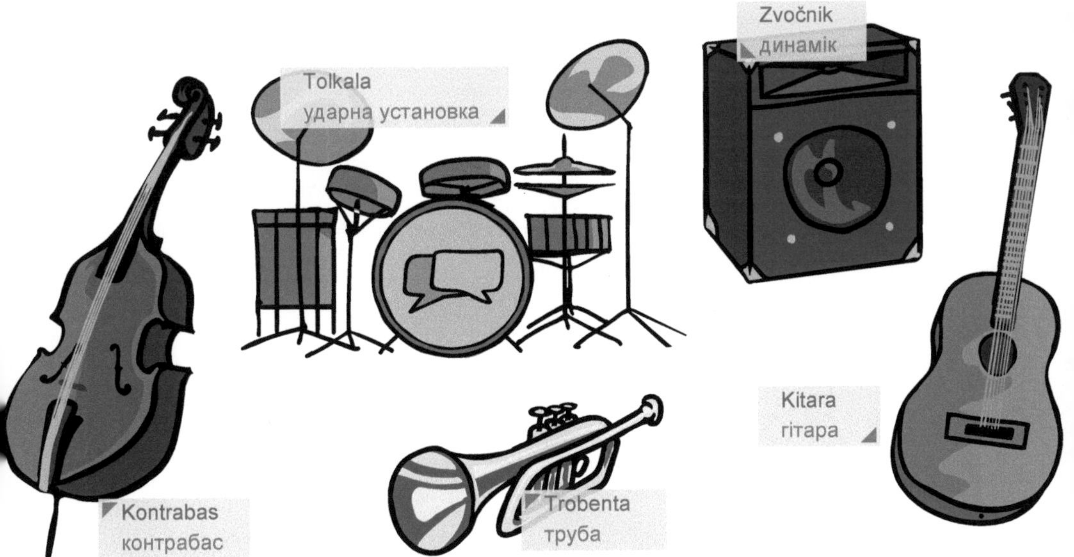

Zvočnik
динамік

Tolkala
ударна установка

Kitara
гітара

Kontrabas
контрабас

Trobenta
труба

Klavir

фортепіано

Violina

скрипка

Bas kitara

бас

Pavke

литаври

Bobni

барабан

Sintetizator

клавіатура

Saksofon

саксофон

Flavta

флейта

Mikrofon

мікрофон

Tiger
тигр

Vhod
вхід

Kletka
клітка

Zebra
зебра

Krma za živali
корм

Panda
панда

Živali
тварини

Slon
слон

Kenguru
кенгуру

Nosorog
носоріг

Gorila
горила

Medved
ведмідь

Kamela

верблюд

Noj

страус

Lev

лев

Opica

мавпа

Plamenec

фламінго

Papagaj

папуга

Severni medved

білий ведмідь

Pingvin

пінгвін

Morski pes

акула

Pav

павич

Kača

змія

Krokodil

крокодил

Oskrbnik v živalskem vrtu

працівник зоопарку

Tjulenj

тюлень

Jaguar

ягуар

Poni

поні

Leopard

леопард

Povodni konj

гіпопотам

Žirafa

жираф

Orel

орел

Divji prašič

кабан

Riba

риба

Želva

черепаха

Mrož

морж

Lisica

лисиця

Gazela

газель

Šport

спорт

Ameriški nogomet
американський футбол

Kolesarjenje
їзда на велосипеді

Tenis
теніс

Košarka
баскетбол

Plavanje
плавання

Boks
бокс

Hokej
хокей

Nogomet

футбол

Badminton

бадмінтон

Atletika

легка атлетика

Rokomet

гандбол

Smučanje

лижні перегони

Polo

поло

Dejavnosti
дії

Smejati se
сміятися
Skočiti
стрибати
Objeti
обіймати
Hoditi
йти
Peti
співати
Sanjati
мріяти
Moliti
молитися
Poljubiti
цілувати

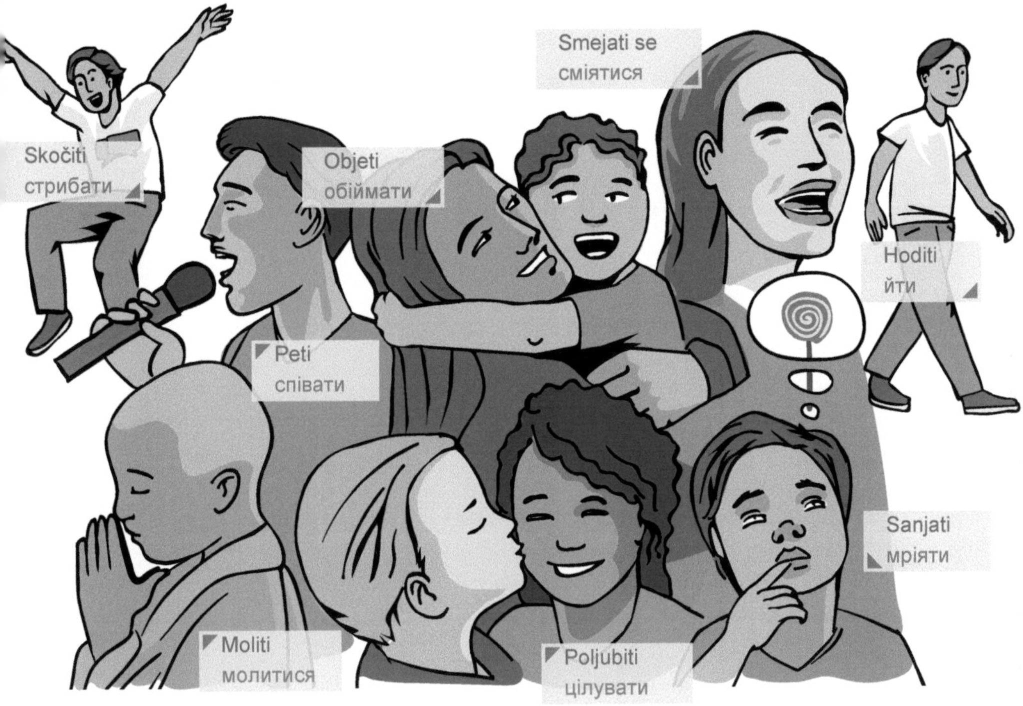

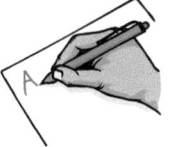

Pisati

писати

Risati

малювати

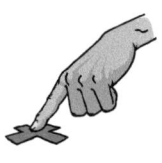

Pokazati

показувати

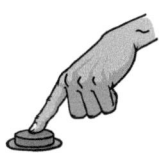

Potisniti

тиснути

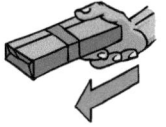

Dati

давати

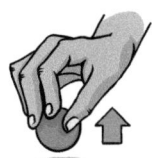

Vzeti

брати

Imeti

мати

Narediti

робити

Biti

бути

Stati

стояти

Teči

бігати

Vleči

тягнути

Vreči

кидати

Pasti

падати

Ležati

лежати

Čakati

очікувати

Nositi

носити

Sedeti

сидіти

Obleči se

одягати

Spati

спати

Zbuditi se

просипатися

Gledati

дивитися

Jokati

плакати

Božati

гладити

Česati se

розчісувати

Govoriti

розмовляти

Razumeti

розуміти

Vprašati

питати

Poslušati

слухати

Piti

пити

Jesti

їсти

Pospraviti

прибирати

Ljubiti

любити

Kuhati

варити

Voziti

їхати

Leteti

літати

Jadrati

йти під вітрилом

Računanje

рахувати

Brati

читати

Učiti se

вчитися

Delati

працювати

Poročiti se

одружуватися

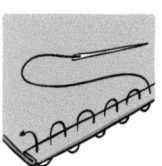

Šivati

шити

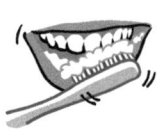

Ščetkati si zobe

чистити зуби

Ubiti

убивати

Kaditi

курити

Poslati

посилати

Družina

сім'я

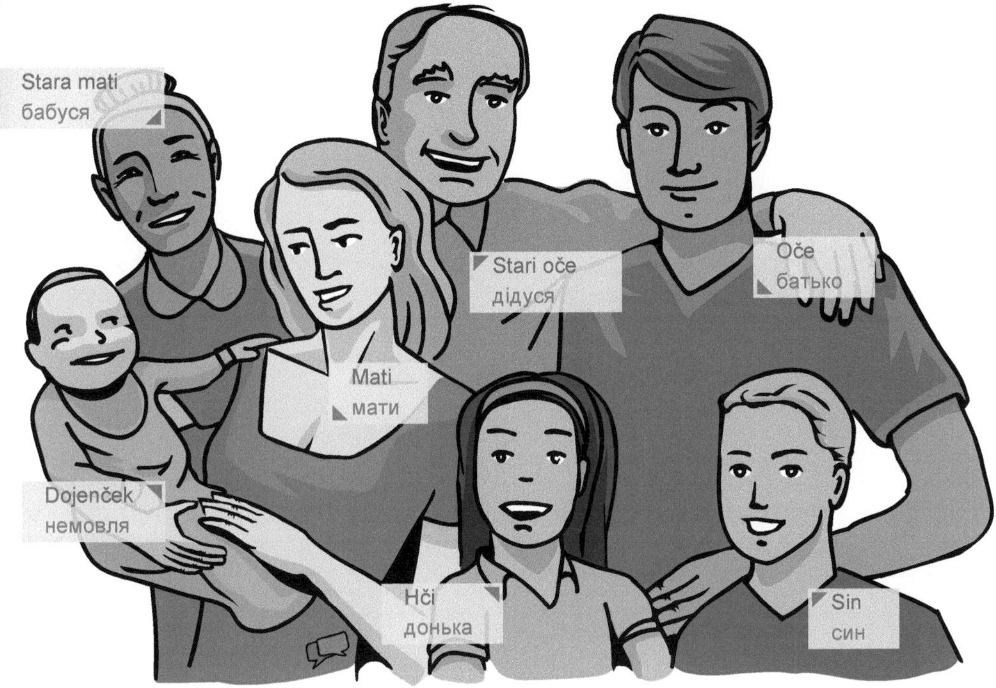

Stara mati
бабуся
Stari oče
дідуся
Oče
батько
Mati
мати
Dojenček
немовля
Hči
донька
Sin
син

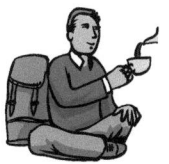

Gost

гість

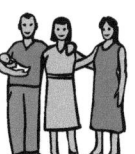

Teta

тітка

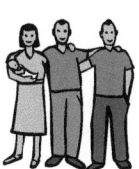

Stric

дядько

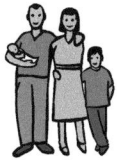

Brat

брат

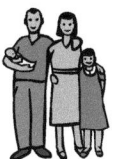

Sestra

сестра

Čelo
чоло

Oko
око

Obraz
обличчя

Brada
підборіддя

Prsi
груди

Čelo
чоло

Rama
плече

Prst
палець

Dlan
кисть

Noga
нога

Roka
рука

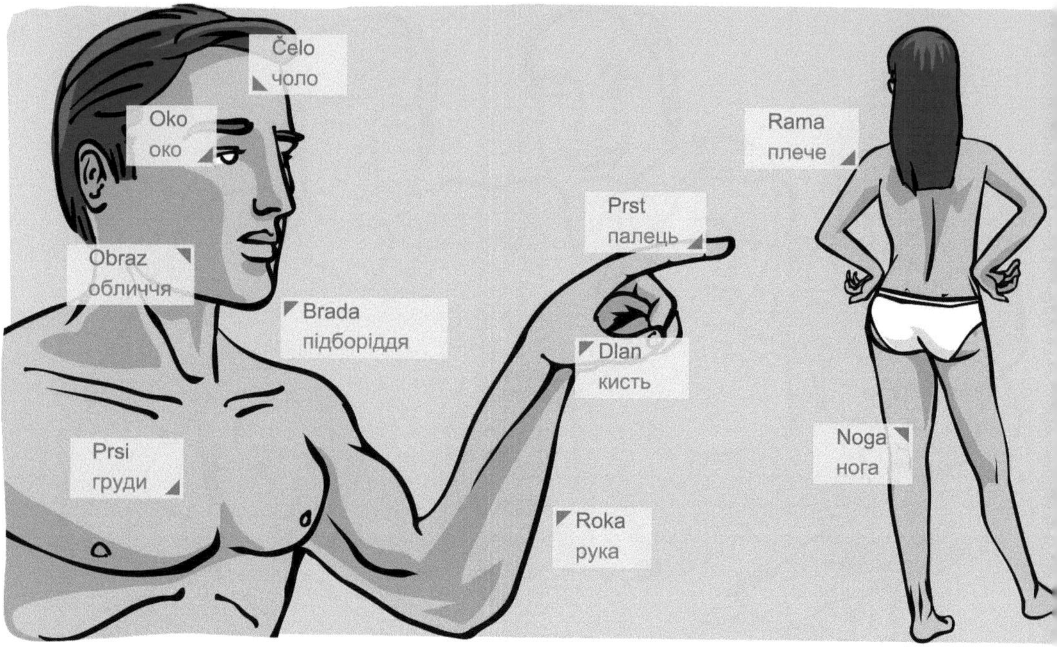

Dojenček

немовля

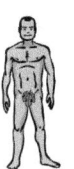

Človek

чоловік

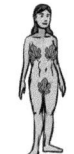

Ženska

жінка

Dekle

дівчина

Fant

хлопчик

Glava

голова

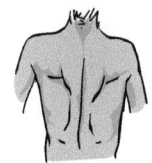

Hrbet

спина

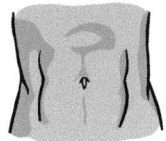

Trebuh

живіт

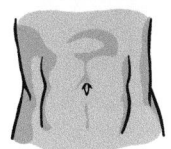

Popek

пуп

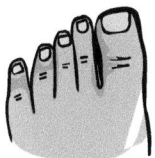

Prst na nogi

палець ноги

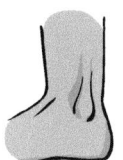

Peta

п'ята

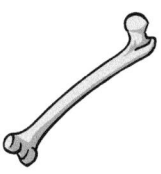

Kost

кістка

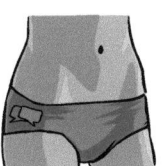

Kolk

стегно

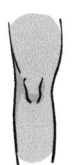

Koleno

коліно

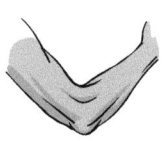

Komolec

лікоть

Nos

ніс

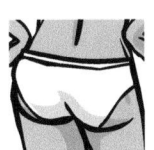

Zadnjica

сідниці

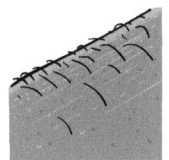

Koža

шкіра

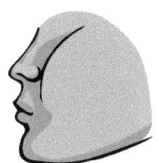

Lice

щока

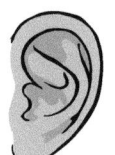

Uho

вухо

Ustnica

губа

Telo - тіло

Usta

рот

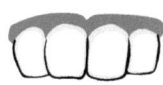

Zob

зуб

Jezik

язик

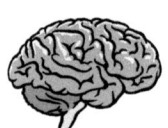

Možgani

мозок

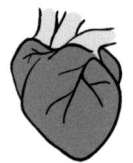

Srce

серце

Mišica

м'яз

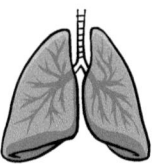

Pljuča

легені

Jetra

печінка

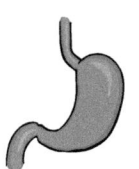

Želodec

шлунок

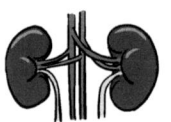

Ledvice

нирки

Spolni odnos

статевий акт

Kondom

презерватив

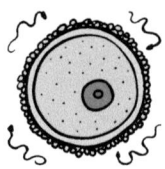

Jajčece

яйцеклітина

Semenska tekočina

сперма

Nosečnost

вагітність

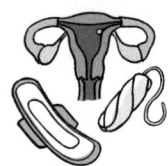

Menstruacija

менструація

Vagina

вагіна

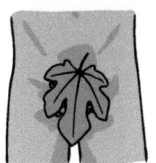

Penis

пеніс

Obrv

брова

Lasje

волосся

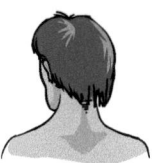

Vrat

шия

Bolnišnica

лікарня

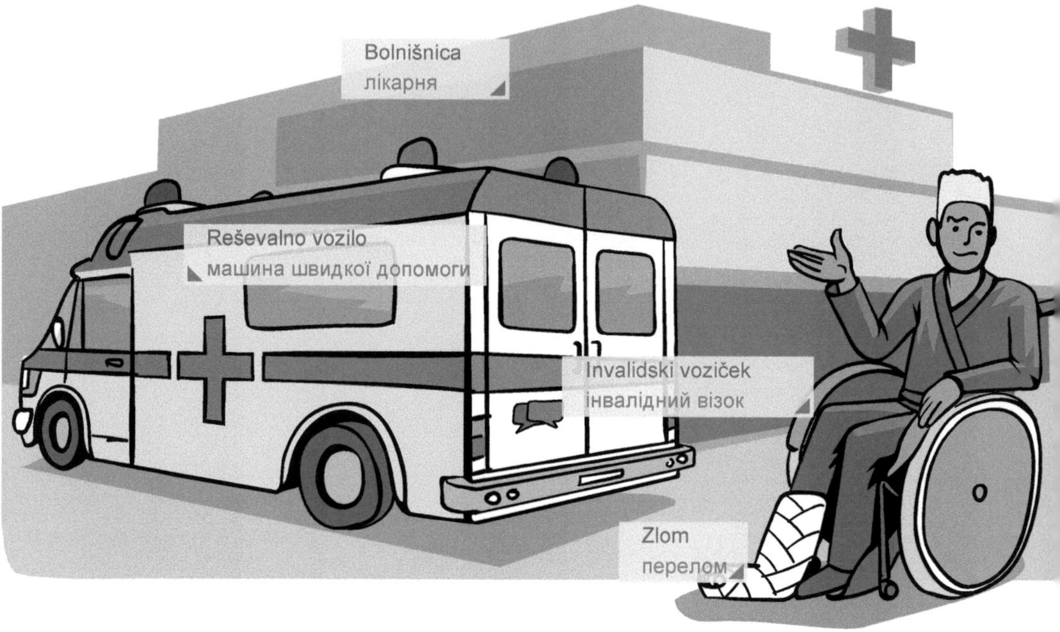

Bolnišnica
лікарня
Reševalno vozilo
машина швидкої допомоги
Invalidski voziček
інвалідний візок
Zlom
перелом

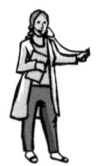

Zdravnik

лікар

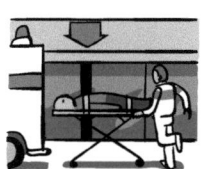

Urgenca

відділення швидкої медичної допомоги

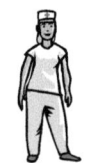

Medicinska sestra

медсестра

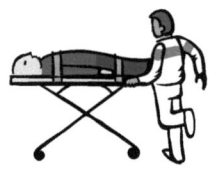

Nujni primer

аварійний випадок

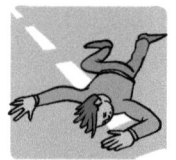

Nezavesten

непритомний

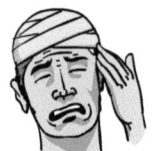

Bolečina

біль

Poškodba

травма

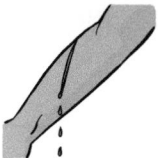

Krvavenje

кровотеча

Srčni infarkt

інфаркт

Kap

інсульт

Alergija

алергія

Kašelj

кашель

Vročina

лихоманка

Gripa

грип

Driska

пронос

Glavobol

головна біль

Rak

рак

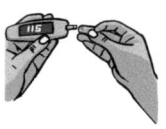

Sladkorna bolezen

діабет

Kirurg

хірург

Skalpel

скальпель

Operacija

операція

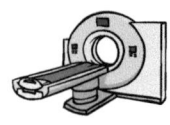

CT
KT

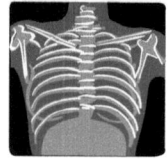

Rentgen
рентген

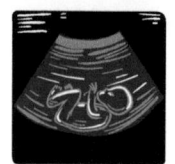

Ultrazvok
ультразвук

Obrazna maska
маска

Bolezen
хвороба

Čakalnica
зал очікування

Bergla
милиця

Obliž
пластир

Preveza
пов'язка

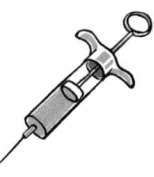

Injekcija
ін'єкція

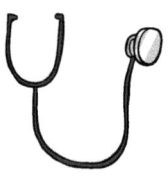

Stetoskop
стетоскоп

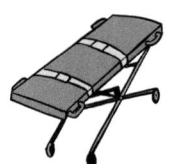

Nosila
ноші

Klinični termometer
термометр

Porod
народження

Prekomerna teža
надмірна вага

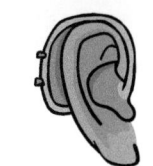

Slušni pripomoček

слуховий апарат

Razkužilo

дезінфікуючий засіб

Okužba

інфекція

Virus

вірус

HIV / AIDS

ВІЛ / СНІД

Medicina

медицина

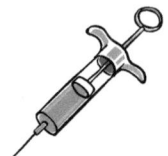

Cepljenje

вакцинація

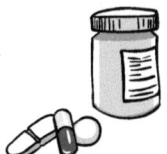

Tablete

таблетки

Tableta

протизаплідна пігулка

Klic v sili

екстрений виклик

Merilnik krvnega tlaka

тонометр

bolano / zdravo

хворий / здоровий

Na pomoč!

Допоможіть!

Alarm

сигнал тривоги

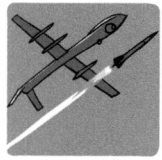

Napad

напад

Napad

атака

Nevarnost

небезпека

Izhod v sili

аварійний вихід

Gori!

Вогонь!

Gasilni aparat

вогнегасник

Nezgoda

аварія

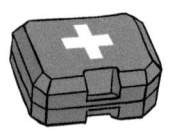

Komplet za prvo pomoč

аптечка

SOS

СОС

Policija

поліція

Evropa

Європа

Severna Amerika

Північна Америка

Južna Amerika

Південна Америка

Afrika

Африка

Azija

Азія

Avstralija

Австралія

Atlantski ocean

Атлантика

Tihi ocean

Тихий океан

Indijski ocean

Індійський океан

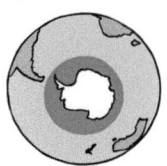

Južni ocean

Антарктичний океан

Arktični ocean

Північний Льодовитий
океан

Severni tečaj

Північний полюс

Južni tečaj

Південний полюс

Antarktika

Антарктика

Zemlja

Земля

Kopno

суша

Morje

море

Otok

острів

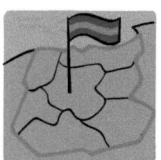

Narod

нація

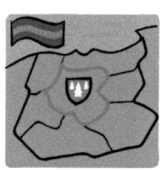

Država

держава

Številčnica

циферблат

Urni kazalec

годинникова стрілка

Minutni kazalec

хвилинна стрілка

Sekundni kazalec

секундна стрілка

Koliko je ura?

Котра година?

Dan

день

Čas

час

Zdaj

зараз

Digitalna ura

цифровий годинник

Minuta

хвилина

Ura

година

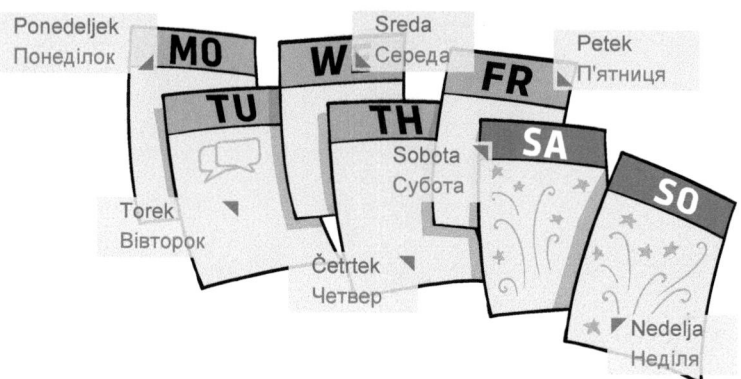

Ponedeljek / Понеділок
Sreda / Середа
Petek / П'ятниця
Torek / Вівторок
Četrtek / Четвер
Sobota / Субота
Nedelja / Неділя

Včeraj

вчора

Danes

сьогодні

Jutri

завтра

Jutro

ранок

Poldne

опівдні

Večer

вечір

Delovni dnevi

робочі дні

Konec tedna

кінець робочого тижня

Leto
рік

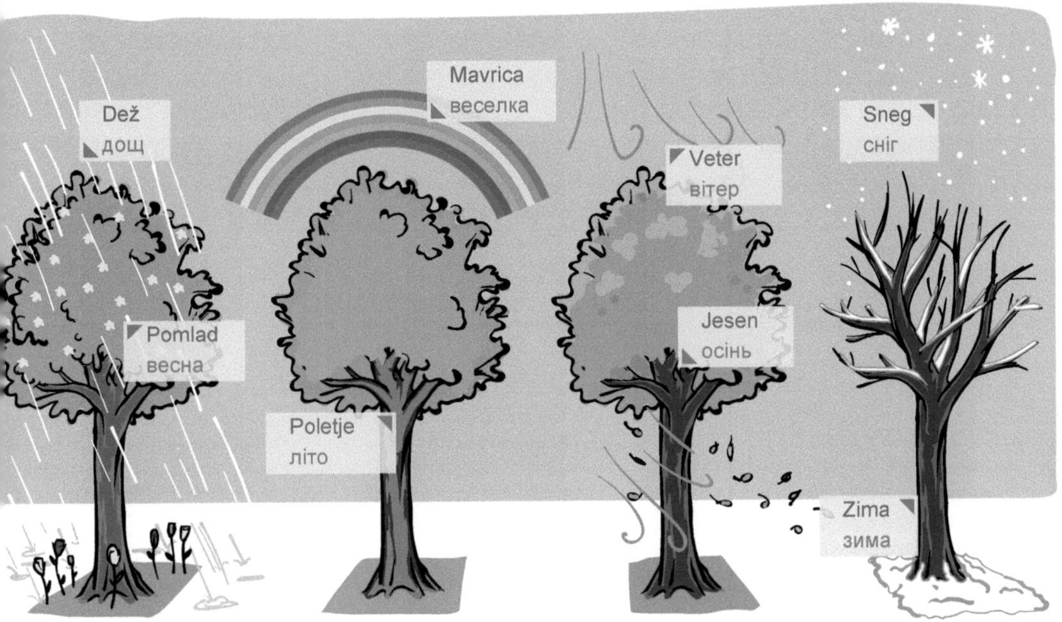
Dež
дощ
Mavrica
веселка
Veter
вітер
Sneg
сніг
Pomlad
весна
Jesen
осінь
Poletje
літо
Zima
зима

4.APRIL 11°
5.APRIL 4°
6.APRIL 13°
7.APRIL 8°
8.APRIL 10°

Vremenska napoved

прогноз погоди

F C
120 90 60 30 0 -30
40 30 20 10 0 -10 -20

Termometer

термометр

Sončna svetloba

сонячне світло

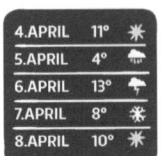

Oblak

хмара

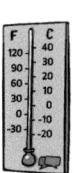

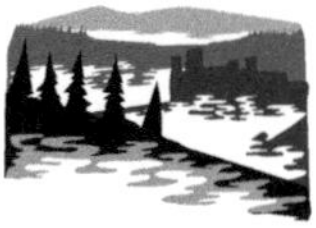

Megla

туман

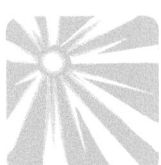

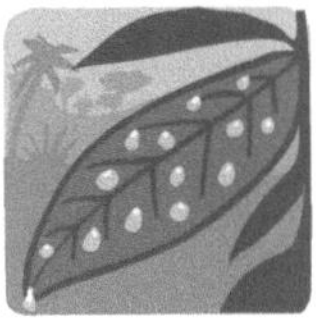

Vlažnost

вологість повітря

Strela

блискавка

Grom

грім

Nevihta

шторм

Toča

град

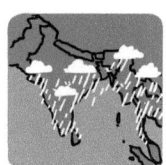

Monsun

мусон

Poplava

повінь

Led

лід

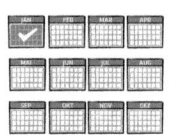

Januar

Січень

Februar

Лютий

Marec

Березень

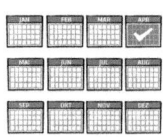

April

Квітень

Maj

Травень

Junij

Червень

Julij

Липень

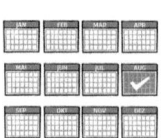

Avgust

Серпень

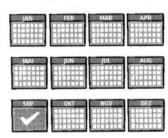

September
....
Вересень

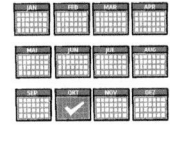

Oktober
....
Жовтень

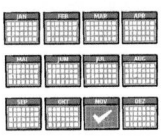

November
....
Листопад

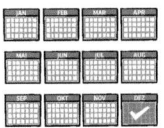

December
....
Грудень

Oblike
форми

Krogla
....
круг

Kvadrat
....
квадрат

Pravokotnik
....
прямокутник

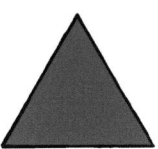

Trikotnik
....
трикутник

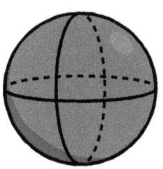

Krogla
....
куля

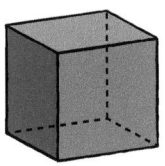

Kocka
....
куб

Bela

білий

Rumena

жовтий

Oranžna

помаранчевий

Rožnata

рожевий

Rdeča

червоний

Vijolična

фіолетовий

Modra

синій

Zelena

зелений

Rjava

коричневий

Siva

сірий

Črna

чорний

veliko / malo

багато / мало

jezno / umirjeno

лютий / мирний

lepo / grdo

гарний / бридкий

začetek / konec

початок / кінець

veliko / majhno

великий / малий

svetlo / temno

світлий / темний

brat / sestra

брат / сестра

čisto / umazano

чистий / брудний

popolno / nepopolno

завершений /
незавершений

dan / noč

день / ніч

mrtvo / živo

мертвий / живий

široko / ozko

широкий / вузький

užitno / neužitno

їстівний / неїстівний

zlobno / prijazno

злий / дружній

vznemirjeno / zdolgočaseno

збуджений / нудьгуючий

debelo / vitko

товстий / тонкий

prvo / zadnje

спочатку / востаннє

prijatelj / sovražnik

друг / ворог

polno / prazno

повний / порожній

trdo / mehko

жорсткий / м'який

težko / lahko

важкий / легкий

lakota / žeja

голод / спрага

bolano / zdravo

хворий / здоровий

nezakonito / zakonito

незаконний / законний

pametno / neumno

розумний / дурний

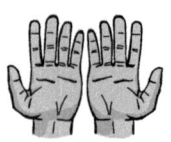

levo / desno

вліво / вправо

blizu / daleč

поруч / далеко

novo / rabljeno

новий / використаний

nič / nekaj

нічого / щось

staro / mlado

старий / молодий

vklopljeno / izklopljeno

вкл / викл

odprto / zaprto

відкрито / закрито

tiho / glasno

тихо / гучно

bogato / revno

багатий / бідний

prav / narobe

правильно / неправильно

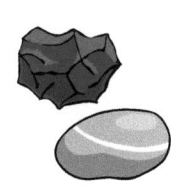

grobo / gladko

шорсткий / гладкий

žalostno / veselo

сумний / щасливий

kratko / dolgo

короткий / довгий

počasi / hitro

повільно / швидко

mokro / suho

вологий / сухий

toplo / hladno

гарячий / холодний

vojna / mir

війна / мир

0

Ničla

нуль

1

Ena

один

2

Dva

два

3

Tri

три

4

Štiri

чотири

5

Pet

п'ять

6

Šest

шість

7

Sedem

сім

8

Osem

вісім

9

Devet

дев'ять

10

Deset

десять

11

Enajst

одинадцять

12

Dvanajst

дванадцять

13

Trinajst

тринадцять

14

Štirinajst

чотирнадцять

15

Petnajst

п'ятнадцять

16

Šestnajst

шістнадцять

17

Sedemnajst

сімнадцять

18

Osemnajst

вісімнадцять

19

Devetnajst

дев'ятнадцять

20

Dvajset

двадцять

100

Sto

сто

1.000

Tisoč

тисяча

1.000.000

Milijon

мільйон

Angleščina

англійська

Ameriška angleščina

американська англійська

Mandarinščina

китайська
високочиновницька

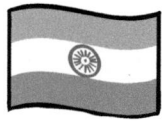

Hindujščina

хінді

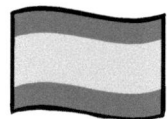

Španščina

іспанська

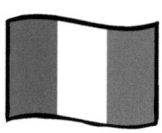

Francoščina

французька

Arabščina

арабська

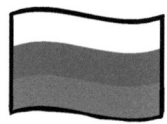

Ruščina

російська

Portugalščina

португальська

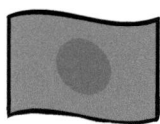

Bengalščina

бенгальська

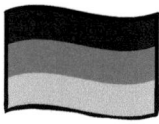

Nemščina

німецька

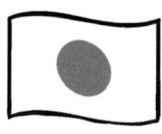

Japonščina

японська

Jaz

я

Ti

ти

On / ona / tisto

він / вона / воно

Mi

ми

Vi

ви

Oni

вони

Kdo?

хто?

Kaj?

що?

Kako?

як?

Kje?

де?

Kdaj?

коли?

Ime

ім'я

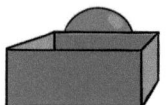

Zadaj

ззаду

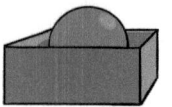

V

в

Pred

перед

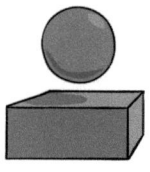

Nad

над

Na

на

Pod

під

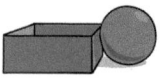

Poleg

біля

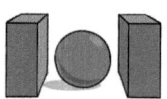

Med

між

Kraj

місце